O caminho da SANTIDADE
com Papa Francisco

O caminho da SANTIDADE *com* PAPA FRANCISCO

Em conformidade com a Exortação Apostólica Alegrai-vos e exultai

Dados Internacionais de Catalogação na Publicação (CIP)
(Câmara Brasileira do Livro, SP, Brasil)

O Caminho da santidade com Papa Francisco : em conformidade com a exortação apostólica alegrai-vos e exultai / organização de Andréia Schweitzer e Marina Mendonça. -- São Paulo : Paulinas, 2018. -- (Coleção fé e anúncio)

ISBN 978-85-356-4405-0

1. Cristianismo 2. Francisco, Papa, 1936- 3. Igreja Católica 4. Jesus Cristo - Palavras 5. Santidade 6. Vida cristã I. Schweitzer, Andréia. II. Mendonça, Marina. III. Série.

18-15277   CDD-248.8

Índice para catálogo sistemático:

1. Santidade: Vida cristã   248.8

Cibele Maria Dias - Bibliotecária - CRB-8/9427

Direção-geral: *Flávia Reginatto*
Organização: *Andréia Schweitzer*
Marina Mendonça
Editora responsável: *Andréia Schweitzer*
Coordenação de revisão: *Marina Mendonça*
Revisão: *Ana Cecília Mari*
Gerente de produção: *Felício Calegaro Neto*
Capa e diagramação: *Tiago Filu*

1ª edição – 2018
2ª reimpressão – 2019

Nenhuma parte desta obra poderá ser reproduzida ou transmitida por qualquer forma e/ou quaisquer meios (eletrônico ou mecânico, incluindo fotocópia e gravação) ou arquivada em qualquer sistema ou banco de dados sem permissão escrita da Editora. Direitos reservados.

Paulinas

Rua Dona Inácia Uchoa, 62
04110-020 – São Paulo – SP (Brasil)
Tel.: (11) 2125-3500
http://www.paulinas.com.br – editora@paulinas.com.br
Telemarketing e SAC: 0800-7010081
© Pia Sociedade Filhas de São Paulo – São Paulo, 2018

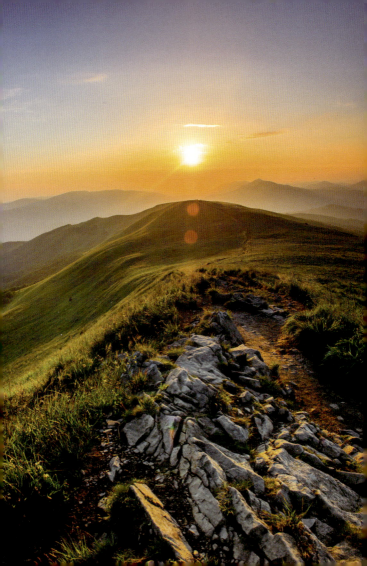

Introdução

O que é ser santo e santa nos dias de hoje? É receber os estigmas? É morrer de modo heroico? Para bem orientar os cristãos, o Papa Francisco nos presenteou com a Exortação Apostólica *Gaudete et Exsultate* – "Alegrai-vos e exultai", sobre o chamado à santidade no mundo atual.

Escreve o Papa, logo na introdução: "O meu objetivo é humilde: fazer ressoar mais uma vez o chamado à santidade, procurando encarná-la no contexto atual, com os seus riscos, desafios e oportunidades, porque o Senhor escolheu cada um de nós 'para sermos santos e íntegros diante dele, no amor' (Ef 1,4)" (n. 2).

E não estamos sós, nessa busca de santidade. A Carta aos Hebreus cita "tamanha nuvem de testemunhas" (Hb 12,1) que nos encorajam. Entre tais testemunhas podem estar a nossa própria mãe, uma avó ou outras pessoas próximas de nós. Mesmo no meio de imperfeições e quedas, essas pessoas continuaram a caminhar e agradaram ao Senhor. Sozinhos não conseguimos, mas o Espírito Santo derrama a santidade, por toda parte, no santo povo fiel de Deus (cf. n. 6).

A santidade está "nos pais que criam os seus filhos com tanto amor, nos homens e nas mulheres que trabalham a fim de trazer o pão para casa, nos doentes, nas consagradas idosas que continuam a sorrir. Nesta constância de continuar a caminhar dia após dia, vejo a santidade da Igreja militante. Esta é muitas vezes a santidade 'ao pé da porta', daqueles que vivem perto de nós e são um reflexo da presença de Deus" (n. 7).

O Papa prossegue, dando mais exemplos de santidade no dia a dia: "Uma senhora vai ao mercado fazer compras, encontra uma vizinha, começam a falar e surgem as críticas. Mas a mulher diz para consigo: 'Não! Não falarei mal de ninguém!'. Isso é um passo rumo à santidade. Depois, em casa, o seu filho reclama a atenção dela para falar de suas fantasias e ela, embora cansada, senta-se ao seu lado e escuta com paciência e carinho. Trata-se de outra oferta que santifica" (n. 16).

Não há nada de mais esclarecedor do que voltar às palavras de Jesus e recolher o seu modo de transmitir a verdade. Jesus explicou, com toda simplicidade, o que é ser santo; assim o fez quando nos deixou as bem-aventuranças (cf. n. 63).

As bem-aventuranças: o que é ser santo

Somos todos chamados a ser santos e santas no dia a dia, em nossa vida comum.

As bem-aventuranças são a identidade do cristão. A palavra "bem-aventurado" ou "feliz" torna-se sinônimo de santo ao expressar que aquele que é fiel a Deus e vive sua palavra alcança, na doação de si mesmo, a verdadeira felicidade (nn. 63-64).

Embora possam parecer simples à primeira vista, e até mesmo poéticas, só podemos bem viver as bem-aventuranças se o Espírito Santo nos permear com toda a sua força. Vamos recordar as bem-aventuranças, na versão do Evangelho de São Mateus (nn. 65-66).

O Sermão da Montanha

"Vendo as multidões, Jesus subiu à montanha e sentou-se. Os discípulos aproximaram-se, e ele começou a ensinar: 'Felizes os pobres em espírito, porque deles é o Reino do Céu. Felizes os que choram, porque serão consolados. Felizes os mansos, porque possuirão a terra. Felizes os que têm fome e sede da justiça, porque serão saciados. Felizes os misericordiosos, porque alcançarão misericórdia. Felizes os puros de coração, porque verão a Deus. Felizes os pacificadores, porque serão chamados filhos de Deus. Felizes os que sofrem perseguição por causa da justiça, porque deles é o Reino do Céu. Felizes sois vós, quando vos injuriarem e perseguirem e, mentindo, disserem todo mal contra vós por causa de mim. Alegrai-vos e exultai, porque é grande a vossa recompensa no céu. Pois foi deste modo que perseguiram os profetas que vieram antes de vós'."

Evangelho de Jesus Cristo segundo Mateus, capítulo 5, versículos 3 a 12.

"Felizes os pobres em espírito, porque deles é o Reino do Céu"

Jesus chama felizes os pobres em espírito, aqueles que têm o coração pobre, onde pode entrar o Senhor com a sua incessante novidade. Esta pobreza de espírito está intimamente ligada a uma vida também austera e essencial (nn. 67-70).

"Felizes os mansos, porque possuirão a terra"

Disse Jesus: "Sede discípulos meus, porque sou manso e humilde de coração, e encontrareis descanso para vós" (Mt 11,29). Se vivemos tensos, acabamos exaustos. Quando olhamos os limites e defeitos dos outros com ternura e mansidão, sem nos sentirmos superiores, evitamos gastar energias em lamentações inúteis. A mansidão é outra expressão da pobreza interior, de quem deposita a sua confiança apenas em Deus (nn. 71-74).

*Reagir com humilde mansidão:
isto é santidade.*

"Felizes os que choram, porque serão consolados"

A pessoa que, vendo as coisas como realmente estão, se deixa trespassar pela aflição e chora no seu coração, é capaz de alcançar as profundezas da vida e ser autenticamente feliz. Esta pessoa é consolada, mas com a consolação de Jesus e não com a do mundo. Assim, pode ter a coragem de compartilhar o sofrimento alheio, e deixa de fugir das situações dolorosas. Acolhamos a exortação de São Paulo: "Chorai com os que choram" (Rm 12,15) (nn. 75-76).

*Saber chorar
com os outros:
isto é santidade.*

"Felizes os que têm fome e sede de justiça, porque serão saciados"

Fome e sede são experiências muito intensas, porque têm a ver com o instinto de sobrevivência. Há pessoas que, com esta mesma intensidade, aspiram por justiça e buscam-na com um desejo assim forte. A justiça que Jesus propõe não é como a que o mundo procura, muitas vezes manchada por interesses mesquinhos. A justiça que Jesus louva começa por se tornar realidade na vida de cada um, sendo justo nas próprias decisões, e depois se manifesta na busca da justiça para os pobres e vulneráveis (nn. 77-79).

Buscar a justiça com fome e sede: isto é santidade.

"Felizes os misericordiosos, porque alcançarão misericórdia"

A misericórdia tem dois aspectos: é dar, ajudar, servir os outros, mas também é perdoar, compreender. Dar e perdoar é tentar reproduzir na nossa vida um pequeno reflexo da perfeição de Deus, que dá e perdoa superabundantemente. Há algo que não deveríamos descuidar: a medida que usarmos para compreender e perdoar será aplicada a nós para nos perdoar (nn. 80-82).

Olhar e agir com misericórdia:
isto é santidade.

"Felizes os puros de coração, porque verão a Deus"

Esta bem-aventurança diz respeito a quem tem um coração simples, puro, sem imundície, pois um coração que sabe amar não deixa entrar na sua vida algo que atente contra esse amor, algo que o enfraqueça ou coloque em risco. Nas intenções do coração, têm origem os desejos e as decisões mais profundas que efetivamente nos movem. "Com todo o cuidado guarda teu coração, pois dele procede a vida" (Pr 4,23) (nn. 83-86).

Manter o coração limpo de tudo o que mancha o amor: isto é santidade.

"Felizes os pacificadores, porque serão chamados filhos de Deus"

Os pacíficos são fonte de paz, constroem paz e amizade social. Àqueles que cuidam de semear a paz por todo o lado, Jesus faz-lhes uma promessa maravilhosa: "serão chamados filhos de Deus" (Mt 5,9). Construir a paz é uma arte que requer serenidade, criatividade, sensibilidade e destreza (nn. 87-89).

*Semear a paz ao nosso redor:
isto é santidade.*

"Felizes os que sofrem perseguição por causa da justiça, porque deles é o Reino do Céu"

Para viver o Evangelho, não podemos esperar que tudo à nossa volta seja favorável, porque muitas vezes as ambições de poder e os interesses mundanos jogam contra nós. A cruz, especialmente as fadigas e os sofrimentos que suportamos para viver o mandamento do amor e o caminho da justiça, é fonte de amadurecimento e santificação (nn. 90-94).

Abraçar diariamente o caminho do Evangelho, mesmo que nos acarrete problemas: isto é santidade.

No grande quadro da santidade que as bem-aventuranças nos propõem, é preciso acrescentar algumas características espirituais que são indispensáveis para a vida a que o Senhor nos chama.

A primeira delas é permanecer centrado, firme em Deus que ama e sustenta. A partir desta *firmeza*, é possível suportar as vicissitudes da vida, com *paciência* e *mansidão*.

A *alegria* e o *senso de humor* iluminam os outros com um espírito positivo e rico de esperança. Ser cristão é "alegria no Espírito Santo" (Rm 14,17).

Ao mesmo tempo, a santidade é *ousadia*, é *ardor*, é impulso evangelizador que deixa uma marca no mundo (n. 129). Para isso ser possível, o próprio Jesus vem ao nosso encontro, repetindo: "Não tenhais medo" (Mc 6,50).

Contudo, é muito difícil lutar contra um mundo egoísta, se estivermos sozinhos. Assim, a santificação acontece *em comunidade*. Somos chamados a partilhar a Palavra e celebrar juntos a Eucaristia, tornando-nos mais irmãos, transformando-nos em comunidade santa e missionária.

Por fim, é necessário lembrar que a santidade é feita de abertura à transcendência. Não há santidade sem *oração*. A oração confiante é uma resposta do coração que se abre a Deus face a face (cf. n. 149).

Desejamos coroar este pequeno livro com a figura de Maria. Ela viveu como ninguém as bem-aventuranças de Jesus. Ela é "aquela que estremecia de júbilo na presença de Deus, aquela que conservava tudo no seu coração e se deixou atravessar pela espada. É a mais abençoada dos santos entre os santos, aquela que nos mostra o caminho da santidade e nos acompanha" (n. 176).

Nossa Mãe não necessita que nos esforcemos em demasia para explicar o que se passa conosco. É suficiente sussurrar:

Ave, Maria, cheia de graça,
o Senhor é convosco;
bendita sois vós entre as mulheres
e bendito é o fruto do vosso ventre, Jesus.
Santa Maria, Mãe de Deus,
rogai por nós, pecadores,
agora e na hora de nossa morte. Amém.

Oração

Senhor Deus, escolheste cada um de nós para sermos santos e santas, vivendo com amor, nas ocupações de cada dia. Permite que a graça do nosso batismo frutifique em um caminho de santidade.

Jesus, se desanimarmos, se sentirmos a tentação se enredar na nossa fragilidade, permite que levantemos os olhos para ti, rogando que realize o milagre de nos tornar melhores.

Espírito Santo, infunde em nós um desejo intenso de ser santos para a maior glória de Deus; e anima-nos no propósito de santidade.

Em nome do Pai e do Filho e do Espírito Santo. Amém.

Imagens:

Fotolia – © Calin Stan (p. 5); © kwasny221 (p. 6); © Zdenk (p. 13); © mycteria (pp. 14-15); © Teeradej (p. 17); © Chinnapong (p. 21); © storm (p. 27); © 1xpert (p. 31); © Brian Jackson (p. 25); © Choat (pp. 18-19); © asierromero (p. 23)

Wikipedia – "O sermão da montanha", de Robert Arsène, Igreja Saint--Martin de Castelnau-d'Estrétefonds (p. 11)

Impresso na gráfica da
Pia Sociedade Filhas de São Paulo
Via Raposo Tavares, km 19,145
05577-300 - São Paulo, SP - Brasil - 2019